TROISIÈME LETTRE

A MONSIEUR LE VICOMTE

DE

CHATEAUBRIAND,

PAIR DE FRANCE.

TROISIÈME LETTRE

A MONSIEUR LE VICOMTE

DE

CHATEAUBRIAND,

PAIR DE FRANCE,

SUR SES PROJETS POLITIQUES,

ET SUR LA SITUATION ACTUELLE DES CHOSES ET DES ESPRITS.

PAR H. AZAÏS.

A PARIS,

CHEZ
{ ALEXIS EYMERY, Libraire, rue Mazarine, n° 30;
{ BÉCHET, Libraire, quai des Augustins, n° 57;
{ DELAUNAY et L'ADVOCAT, au Palais-Royal.

DE L'IMPRIMERIE DE DENUGON.

1818.

PRIX, 1 fr.   les trois lettres réunies, PRIX, 3 fr. 50 c.

AVERTISSEMENT.

Le 20 novembre, M. Benjamin-Constant a occupé les nombreux lecteurs de la *Minerve* de ma première lettre à M. de Châteaubriand. Vers le même jour la septième livraison du *Conservateur* a été publiée : un article très-remarquable la terminait.

D'après mes engagemens, je devais écrire sur cet article, généralement attribué à M. de Châteaubriand. Les réflexions de M. Benjamin-Constant m'imposaient en même temps l'obligation de répondre à ce qu'elles avaient d'honorable pour moi, et d'injuste envers le Ministère.

J'ai d'abord résolu de confondre dans une même lettre ce que les deux Écrivains m'inspiraient : mais j'ai vu bientôt que les deux sujets de mes réponses étaient trop disparates. J'ai pensé que je pouvais, non-seulement adresser séparément ma troisième lettre à M. de Châteaubriand, et ma quatrième à M. Benjamin-Constant, mais encore étendre le champ de mes discussions polémiques.

Ma lettre à M. Benjamin-Constant paraîtra dans peu de jours. Elle sera précédée de ce titre : CORRESPONDANCE PHILOSOPHIQUE; et, sous ce titre, je comprendrai, à l'avenir, les lettres que j'adresserai, soit à M. de Châteaubriand, soit aux autres Écrivains célèbres, dont les opinions publiées me paraîtront demander une réfutation.

A MONSIEUR LE VICOMTE

DE

CHATEAUBRIAND,

PAIR DE FRANCE.

———

MONSIEUR LE VICOMTE,

JE lis avec empressement chaque livraison du *Conservateur*, aussitôt qu'elle est
publiée ; j'y cherche, avant tout, les pages
émanées de votre plume brillante. Depuis
la cinquième livraison, où vous avez placé,

sous votre nom, des *Considérations* sur les élections de cette année, considérations auxquelles j'ai répondu dans ma seconde lettre, aucun article signé de vous n'a paru encore au moment où j'écris. Mais la septième livraison est terminée par un morceau intitulé *Mélanges*, signé *le Conservateur*, et qui porte manifestement l'empreinte de votre style. Nul autre Ecrivain aujourd'hui n'a votre éclat, votre chaleur, votre amertume, votre injustice.

Convaincu, avec tous les lecteurs de cet article, que vous en êtes l'auteur, je puis donc, Monsieur le vicomte, en faire une base nouvelle des discussions auxquelles je vous ai invité en présence du public. Il est possible que vous ayez résolu de ne pas céder à cette invitation. Mon principal objet n'en sera pas moins rempli; car ne pouvant, à coup sûr, dédaigner mes raisons, ni, ce me semble, la manière dont je les expose, il vous suffira, pour en démontrer la vérité et la force, de garder le silence.

Commençons, Monsieur, par citer vos paroles, et textuellement, selon mon habitude.

« Jeté au milieu des mers, où le Camoëns plaça le Génie des tempêtes, Buonaparte ne peut se remuer sur son rocher, sans que nous soyons avertis de son mouvement par une secousse. Un pas de cet homme à l'autre pôle se ferait sentir à celui-ci. Si la Providence déchaînait encore son fléau, si Buonaparte était libre aux États-Unis, ses regards attachés sur l'Océan suffiraient pour troubler les peuples de l'ancien monde : sa seule présence sur le rivage américain de l'Atlantique forcerait l'Europe à camper sur le rivage opposé. »

Et cette seule image, Monsieur, si elle était aussi vraie, aussi juste, qu'elle est poétique et magnifiquement exprimée, suffirait pour relever la statue de Buonaparte, et pour la placer de nouveau au sommet de cette colonne superbe que son orgueil éleva.

Monsieur, tout objet de grande et uni-

verselle terreur, est nécessairement un Être
de grande et universelle puissance. Si toute
l'Europe devait courir aux armes, et camper
sur les bords de l'Atlantique, à la seule
apparition de Buonaparte sur le rivage
américain, Buonaparte ne serait pas un
homme; le Camoëns l'aurait défini d'a-
vance : ce serait le Génie des tempêtes,
que Neptune lui-même ne pourrait en-
chaîner dans les antres d'Éole. Quelle
serait donc la puissance humaine qui re-
tiendrait le Génie des tempêtes captif et
humilié?

Votre imagination, Monsieur, est trop
féconde, trop impétueuse; elle vous jette
sans cesse bien au-delà de la vérité; ce qui
est plus funeste quelquefois que de ne pas
l'atteindre.

La vérité sur Napoléon est que, dans
les champs de Waterloo, il tomba sans
retour, et que désormais, sur la surface
du globe, nul mouvement politique, fort
et soutenu, ne se liera à son existence.

En 1814, sa chute n'avait pas été définitive. La raison en est que, pendant trois mois, il venait de se montrer guerrier incomparable; il s'était surpassé lui-même en courage, en talens militaires, en activité. Accablé par des masses énormes, il les faisait trembler à l'instant même où elles opprimaient sa résistance : un bel hommage devait lui être rendu; car il succombait, mais en vainqueur.

En 1815, il succomba, mais en vaincu; et sa défaite fut effroyable... Cependant bien des Français ne la considèrent encore que comme un malheur qu'il fut sur le point de prévenir, ou même de changer en immense triomphe ! ils se trompent; le moment est venu de reconnaître les choses terribles que le temps a dévoilées. La chute de Napoléon était unanimement résolue, parconséquent inévitable. Si, à Waterloo, il eut obtenu un succès éclatant, le plan était tracé; l'armée Anglaise et l'armée Prussienne se retiraient, avec précipitation sans doute, mais avec peu de perte; elles allaient se rallier au-delà du Rhin; ou derrière les marais de la Hollande ; en attendant, les armées innombrables de l'Autriche et de la Russie, traversaient l'Alsace et la Lorraine; ces deux provinces, couvertes d'habitans généreux, exaltés, intrépides, mais sans armes, sans chefs et sans discipline, étaient saccagées, incendiées; les Russes et les Autrichiens, irrités, furieux, rentraient en Flandre par les Ardennes, et se précipitaient de nouveau sur l'armée de Napoléon.

C'est alors que cette brave armée, cernée de toutes parts, aurait péri toute entière, et que la guerre, au lieu de n'être qu'un coup de foudre, serait devenue une longue scène de carnage; l'anéantissement de la France aurait suivi les derniers combats.

Je sais, Monsieur, à quoi je viens de m'exposer, en traçant, au gré de ma conviction, ce tableau épouvantable : bien dés Français, réellement dignes de ce nom par leur ardeur de patriotisme, frémiront d'avoir à conclure que l'horrible catastrophe de Waterloo prévint des malheurs plus horribles encore. Je respecte les nobles mouvemens des âmes nationales ; mais aujourd'hui ma Patrie ne peut plus être servie que par la vérité : c'est à reconnaître la vérité, à la défendre, à la proclamer, que les bons citoyens doivent mettre désormais leur zèle et leur courage : mes droits de parler ainsi sont dans la franchise avec laquelle j'honore et j'abandonne des erreurs que j'ai partagées. En 1815, égaré, avec les braves Lorrains, par des préventions enflammées, j'ai été, un moment, le principal organe de l'exaltation la plus impétueuse, la plus imprudente !.. Je bénis la Providence ; elle a sauvé mon pays, ma famille et mes jours.

Une chose maintenant m'est démontrée : c'est que depuis long-temps, depuis l'année au moins où fut signé le traité de Tilsitt, les principaux Souverains de l'Europe formaient le vœu sincère d'établir, sur cette brillante partie du globe, une paix durable, et avaient acquis les forces nécessaires pour la maintenir. C'est ce qui rend Napoléon inexcusable d'avoir refusé à Dresde, et plus récemment à Châtillon, de concourir à cette paix générale. Nous, simples citoyens, éloignés des lieux où les Chefs des Nations manifestaient leurs sentimens et leurs principes, nous pouvions les juger avec défiance ; nous pouvions craindre qu'une bonne foi parfaite ne régnât pas dans les cabinets étrangers, lorsqu'ils demandaient à la France de descendre, de son élévation démesurée, à une situation encore imposante et honorable. Ce n'était pas sans quelques motifs dignes d'égards que nous considérions toute paix, à laquelle Napoléon consentirait, comme ne pouvant être qu'une trêve passagère, pendant laquelle les ennemis naturels du Peuple Français rassembleraient les moyens de l'écraser ; et même, en reconnaissant dans l'âme de quelques grands Souverains, tels qu'Alexandre, les intentions les plus

généreuses, nous pouvions les croire in-
suffisantes contre la politique, l'opiniâtreté,
l'adresse et la rivalité des Anglais.

Mais Napoléon, qui pouvait voir par
lui-même, et les dispositions des hommes,
et la situation des choses, qui, de plus,
était doué d'une profonde sagacité, ne pouvait s'abuser que par orgueil, lorsqu'il re-
poussait les nobles conditions qui lui
étaient proposées, lorsque, pour les ac-
cepter, il ne trouvait pas, dans le caractère et la puissance des principaux Souverains du Continent, les garanties les plus
rassurantes, lorsqu'enfin il ne voyait pas,
dans leur union intime et nécessaire, dans
leur union sans cesse provoquée et cimen-
tée par lui-même, un obstacle invincible,
un obstacle contre lequel la France, vio-
lemment poussée par son ambition, ne
pourrait un jour que se heurter et s'a-
bîmer.

Napoléon voulait renouveler les grandes
scènes données au monde par l'Empire Ro-
main ; fatal prestige que la différence des

temps et des circonstances rendait bien illu-
soire, mais que nous tous, Français du siècle
précédent, nous poursuivions avec ivresse,
par l'imprudent effet de notre caractère,
de nos progrès, de notre éducation. N'ou-
blions pas, lorsque nous voudrons être
justes, que ces météores humains, qui ap-
paraissent, de distance en distance, dans
l'histoire des peuples, qui s'élèvent rapi-
dement, éclatent et se dissipent, sont for-
més, excités, enflammés par l'atmosphère
même que tous leurs contemporains res-
pirent; les César, les Cromwell, les Napoléon ressemblent aux hommes de leur
époque; c'est pour cela qu'ils les entraî-
nent; tout ce qui les distingue, c'est une
plus grande saillie dans les mêmes pensées et les mêmes mouvemens.

Mais, dans la nature, tout ce qui s'est
élevé retombe, et tout ce qui s'est élevé à
une hauteur sans mesure s'écrase en re-
tombant. C'en est fait : Napoléon s'est
écrasé; il n'existe plus, en lui, ni hors de
lui, le plus léger moyen de résurrection

politique : Voilà, Monsieur, ce que les hommes doués de votre éloquence doivent dire et persuader, afin que personne, désormais, ne désire l'inutile et ne tente l'impossible; d'une telle erreur, il ne pourrait plus résulter qu'une agitation sans but; et notre premier besoin aujourd'hui est le calme d'opinions et de sentimens.

Mais, Monsieur, on peut mieux faire encore que de démontrer l'impossibilité de rendre à Napoléon un pouvoir politique. De temps à autre, le fantôme de ce pouvoir apparaît au vulgaire; il faut le dissiper. Qui le suscite? C'est votre parti, Monsieur; c'est l'injustice et l'imprudence; vous choquez sans cesse des sentimens et des idées qui ont pris un tel caractère de généralité qu'elles sont devenues pour toujours nationales et même populaires. Or, aux yeux de cette portion nombreuse du peuple qui réfléchit peu sur les idées qu'elle possède, qui, pour cette raison, y tient fortement, qui, pour cette raison encore, les personnifie, Napoléon est l'homme de la liberté, ou plutôt, le Dieu de la Révolution : choquer la Révolution, c'est porter le peuple à implorer le secours de son idole ; insulter Napoléon, c'est porter le peuple au désir de le venger, et de pouvoir lui offrir ses secours.

Ah ! qu'ils sont grands, généreux et sages, les Souverains qui aujourd'hui ont résolu de pacifier le Monde ! Tandis qu'ils annoncent solennellement l'intention de ne régner sur les peuples que conformément à leurs besoins et à leurs idées, ils ne parlent de nos fautes et de nos malheurs qu'avec les ménagemens les plus délicats ; et ils gardent un respectueux silence sur l'homme extraordinaire, jadis leur égal, qui les força de se défendre, de s'unir et de nous accabler !

C'est ainsi que des Rois se rendent formidables, car c'est ainsi qu'ils s'honorent et qu'ils s'emparent de l'affection des peuples. Spectacle sublime ! Partout où aura pénétré la Révolution du dix-huitième siècle, les trônes finiront par s'asseoir sur

la modération du Prince, sur la dignité
des sujets, sur la raison et la justice; parce
que la modération du Prince, la dignité
des sujets, la raison et la justice, forment
l'esprit fondamental de cette mémorable
Révolution.

A cette définition peut-être, quelques
hommes d'un cœur estimable se récrieront
encore ; ils jugent la Révolution par sentiment et non par réflexion; ils ne voient
que ses accidens et ses excès; ils ne remon-
tent pas jusques à ses causes et ses principes. L'homme éclairé ne confond pas
des choses si distinctes; il sépare l'irrita-
tion passagère, dont l'homme le plus généreux est susceptible, des dispositions
permanentes qui lui sont imprimées par
son caractère habituel; il sait d'ailleurs
que si le calme de la sagesse est encore
possible à l'homme fier que l'on offense,
il n'en est pas de même des peuples qui,
par les progrès de leurs lumières et de leur
industrie, se sont élevés à une haute puissance, à une haute fierté. Si lorsque de

tels peuples ne songent qu'à réclamer leurs droits, on les insulte, on les menace, ils se livrent à tous les emportemens de la colère; il mettent de la violence dans tous leurs mouvemens; et trop souvent cette violence les conduit à des actes atroces.

C'est ce qui est arrivé au Peuple Français : Au début de sa Révolution, il a été noble, modéré, juste. Si, alors, tous les Souverains de l'Europe avaient pris, de concert, les résolutions magnanimes qu'ils proclament aujourd'hui, les changemens nécessaires se seraient faits avec ordre, générosité, déférence; la paix sociale se serait maintenue; et, cependant, tout se serait renouvelé.

Mais il est facile de démontrer qu'un si beau spectacle ne pouvait alors être donné au Monde. Il est impossible que les institutions d'un grand peuple se renouvellent sans de violens efforts, alors même que ses idées sont déjà presqu'entièrement changées. Si, par elles-mêmes, les institutions de ce peuple étaient mobiles et légères, elles auraient, dès le principe, manqué de puissance; elles n'auraient point servi le corps politique; elles ne se seraient pas même établies; ou, du moins, elles n'auraient eu que la durée d'un instant.

Ainsi, partout où un grand peuple s'est formé, on peut assurer que ses premières institutions ont eu une grande force, que, pour cette raison, elles ont jeté, dans le corps social, des racines profondes; elles y ont constitué des intérêts d'une grande persistance, des intérêts capables de survivre long-temps à la chute des idées même qui leur ont donné naissance, des intérêts qui, un jour, ne céderont point, ne se retireront point; il faudra les arracher.

S'il a existé des peuples dont toutes les institutions sociales aient, pour ainsi dire, été trempées dans des idées religieuses, graves et austères, ces institutions ont retiré, d'une telle alliance, les avantages et les inconvéniens d'une forte tenacité; elles ont éloigné, retardé les changemens nécessaires, beaucoup plus qu'elles n'auraient pu y parvenir sans un tel secours; elles ont ainsi contraint les changemens nécessaires, à s'accumuler, et, dans le besoin de vaincre, à s'élever jusques à un degré excessif d'énergie.

C'est ce qui, de nos jours, porte la lumière dans un rapprochement de première importance. La Révolution d'Angleterre, comparée à celle de France, a été beaucoup moins violente et beaucoup moins complète; cela vient de ce qu'en Angleterre la révolution décisive s'est faite beaucoup plus aisément et beaucoup plutôt. Lorsque les grands changemens politiques furent provoqués, ils étaient déjà délivrés de leur principal obstacle: depuis près de deux siècles, Henri viii l'avait renversé.

C'est la Religion catholique qui a longtemps retardé, en France, la Révolution nécessaire, qui l'a rendue excessivement difficile; ce dont il faut se plaindre, et cependant l'honorer.

La Religion Catholique sera à jamais distinguée, dans les fastes de l'espèce humaine, par la fixité qu'elle a donné au caractère de l'homme ; saisissant toutes ses affections dès leur naissance, les soumettant à une concentration presque surnaturelle, cette religion puissante a comme suspendu la mobilité du cœur humain ; elle l'a remplacée, à la fois, par de la ferveur et de la constance. Jamais les mœurs de l'homme ne se sont montrées plus fortes, plus soutenues, plus austères que chez les Peuples Catholiques; c'est aussi de cette force, de cette permanence, que l'honneur des anciens nobles avait reçu sa profondeur opiniâtre. L'honneur est un sentiment impossible à toute âme faible et légère. Or, toute âme naturellement sensible, qui, de plus, sera sincèrement livrée à la Foi catholique, portera jusques à l'enthousiasme l'énergie et la vivacité de tous les sentimens.

Que l'on se rappelle maintenant les premières années de la Révolution Française! Avec quelle intimité vraie et ardente ne s'unirent point les intérêts de la noblesse et ceux du clergé! Je parle des Nobles graves et vertueux, et des Ecclésiastiques pieux et sincères. Leurs causes furent confondues; ils s'exposèrent aux mêmes persécutions; ils bravèrent les mêmes souffrances. Les Nobles s'animèrent de courage et d'enthousiasme pour la défense de la Foi catholique; les Prêtres s'associèrent avec le même enthousiasme, le même courage, au sort de la noblesse et aux irritations de l'honneur.

Que pouvait-il résulter d'une attaque si belle, si violente, si hardie, contre une Révolution invincible, nécessaire? La réponse est dans l'histoire de nos tempêtes et de nos fureurs.

La Puissance catholique s'est affaiblie; la marche générale des Nations sera changée: immenses privations, immenses avantages. Chez aucun peuple, il n'y aura plus de mœurs austères, plus de ce recueillement sombre, de cette mélancolie profonde, de cette verve de sentiment, de cette ténacité ardente, qui sont les fruits naturels de l'austérité dans les mœurs : celles-ci, en échange, deviendront calmes, douces et faciles. Ainsi, chez aucun peuple, les changemens nécessaires ne pourront s'accumuler ; ils ne fermenteront plus par la résistance de sentimens vieillis et d'opinions surannées. L'espèce humaine ne connaîtra plus ce bonheur exalté que donnent les passions de la vertu ; elle évitera ce que l'excès d'exaltation entraîne d'erreurs, de malheurs, de fanatisme.

Vous le voyez, Monsieur, ma pensée générale se trouve toujours au début et au terme de toutes les réflexions que notre histoire appelle. C'est que ma pensée générale représente le principe et la fin de tous les mouvemens ; c'est ce qui la rend si conciliante : elle donne à l'esprit modération et justesse. Elle retrace à notre estime les bienfaits du passé ; elle nous porte à honorer le caractère de nos ancêtres ; mais, en nous montrant ce qui est, elle nous en

découvre la valeur; enfin, elle nous conduit à la prévoyance de ce qui sera, et elle
nous le fait approuver d'avance; c'est ainsi
que d'avance elle en rend l'établissement
facile; en un mot, elle nous fait connaître
le Plan de la Nature, et, afin d'éviter les
secousses, elle nous conseille de le seconder.

Aujourd'hui toute l'Europe s'apprête à
seconder le Plan de la Nature; aussi la Révolution s'achève; les Souverains s'emparent de ses principes et de ses mouvemens.
Qu'il me soit permis de faire honneur à
ma Pensée générale de me l'avoir annoncé,
à une époque où tant de bons citoyens
n'osaient l'attendre, me reprochaient même
d'exprimer ma prévoyance et mes sentimens. L'année dernière, n'écoutant que
mes devoirs d'Ecrivain sincère et concilia-
teur, d'Ecrivain philosophe, je perdis l'affection de Français ardens et estimables,
pour avoir terminé ainsi mon ouvrage sur
la *Sagesse en politique sociale :*

« Les âmes européennes sont aujourd'hui trop agrandies par les progrès des lumières et de la civilisation pour être accessibles à ces petites et misérables jouissances dont la tyrannie s'alimente. La noblesse philosophique est devenue le caractère de presque tous les hommes que leur éducation a élevés au-dessus du vulgaire. Les chefs des nations, et par-là j'entends les Souverains et leurs Ministres, les chefs des nations ont obéi à l'impulsion du siècle, et je trouve grand et généreux, de leur part, de vouloir maintenant la diriger. Pour cette raison, je trouverais maintenant juste et généreux, de la part des peuples, de se livrer avec confiance aux intentions des Souverains. C'est par une telle confiance qu'on leur imposerait déjà, en présence de l'histoire, une responsabilité forte et sublime; on verrait enfin sur la terre un magnanime spectacle : la noble fraternité des Peuples et des Rois. »

Postérieurement, dans mes *Considérations sur le sort actuel et le sort futur*

de l'Amérique, j'ai parlé avec plus d'as-
surance. J'ai dit :

« Il est certain que l'Europe présente ,
en ce moment, une fédération politique ,
plus imposante encore que celle des États-
Unis ; c'est celle de tous les Gouvernemens en faveur des sentimens fraternels
et des droits populaires. Le Souverain du
Nord, chef de cette coalition magnanime,
est secondé d'une manière digne de ses nobles intentions : tous les Rois ont enfin
embrassé la cause des Peuples, de la justice, de la liberté civile, de la prospérité,
de l'industrie, de la tolérance religieuse,
de la raison éclairée, de la Philosophie ;
c'est ainsi qu'ils se sont promis de consom-
mer la Révolution d'Europe, et d'épuiser
l'esprit de révolution. Ce grand spectacle,
amené par l'exhaussement général de la
nature humaine, imprimera à ce siècle un
caractère sublime ; l'histoire dira avec res-
pect : Au temps d'Alexandre et de Louis xviii,
les Rois furent bien plus que les Maîtres

des nations; ils furent les Chefs de l'hu-
manité. »

, Enfin, Monsieur, plus récemment encore, dans la première lettre que j'ai eu
l'honneur de vous adresser, j'ai exprimé
les mêmes pensées; et j'écrivais cette lettre
pendant que les Souverains, réunis à Aix-
la-Chapelle, prenaient, d'un commun
accord, des résolutions dignes de notre
admiration, de notre reconnaissance; et
à Paris, des patriotes sincères hésitaient
encore à approuver, à partager mes sentimens!

Je ressaisirai toute leur confiance; j'ai
su attendre quand ils me la retiraient; j'ai
su ne pas m'étonner, encore moins m'of-
fenser, de ce qu'ils étaient trop vivement
Français, pour être assez Européens, assez
Philosophes. Aujourd'hui, plus éclairés,
plus satisfaits, ils me permettent sans
doute de leur représenter que la justice
est la première base des pensées libérales;
que l'homme sage, indépendant, ne se
laisse inconsidérément prévenir, ni contre

les citoyens obscurs, ni contre les hommes
en pouvoir, ni contre les plébéiens, ni
contre les hommes d'un nom antique, ni
contre les peuples, ni contre les Souverains.

MAINTENANT, Monsieur, examinons les
conséquences immédiates des grandes et
nobles résolutions prises à Aix-la-Chapelle.

« L'état intérieur de la France ayant été
» depuis long-temps le sujet des méditations
» suivies des cabinets, et les plénipoten-
» tiaires, réunis à Aix-la-Chapelle, s'étant
» mutuellement communiqué les opinions
» qu'ils s'étaient formées à cet égard, les
» augustes Souverains, après les avoir pe-
» sées dans leur sagesse, ont reconnu avec
» satisfaction que l'ordre des choses heu-
» reusement établi en France, par la res-
» tauration de la monarchie légitime et
» constitutionnelle, et le succès qui a cou-
» ronné jusqu'ici les soins paternels de
» S. M. T. C., justifient pleinement l'espoir

» d'un affermissement progressif de cet
» ordre de choses, si essentiel pour le repos
» et la prospérité de la France, et si étroi-
» tement lié à tous les grands intérêts de
» l'Europe. »

Sans doute, Monsieur, vous reconnaî-
trez que jamais la confiance politique ne
s'est exprimée d'une manière plus franche, plus positive; et cette confiance a été
inspirée aux grands Souverains de l'Europe, par leurs plénipotentiaires, par des
hommes qui, tous, ont directement con-
couru à la restauration de la monarchie
légitime et constitutionnelle, qui, depuis
cette époque, ont résidé en France, ou du
moins ont entretenu des relations officielles
et constantes avec des observateurs très-
éclairés, très-pénétrans, fixés au sein de la
capitale, chargés de suivre avec attention
tous les actes publics, toutes les discussions, tous les mouvemens.

Comment se fait-il qu'à l'instant même
où les Souverains recevaient, en faveur de
la France, des attestations si honorables,

si authentiques, si rassurantes, des Fran--çais leur adressaient des *Notes secrètes*, qui peignaient la France comme près d'être agitée par de nouveaux et affreux boule-versemens? Comment des Etrangers, très-clairvoyans, accoutumés à l'examen et à l'appréciation exacte de tous les signes po-litiques, ne découvraient-ils en France, dans tout ce qui se passait autour d'eux, que des motifs de sécurité et de satisfac-tion, tandis que des Français ne retiraient, de l'examen des mêmes signes, que des motifs d'accablement et d'inquiétude? Com-ment enfin, les hommes qui ont donné à l'Europe sa forme politique actuelle ; qui par conséquent tiennent très-fortement à la stabilité de cet ordre, et par honneur, et pour la conservation de leur rang, de leur influence, de leur fortune; comment des hommes de ce caractère, et dans une position si éclatante, peuvent-ils voir, dans le succès qui a couronné jusqu'ici les soins paternels du Roi de France, l'affermisse-ment progressif du repos, de la prospérité, des grands intérêts, non-seulement de la France, mais de l'Europe, tandis que des Français ont tellement jugé que leur patrie, et l'Europe entière, étaient conduites, par le Gouvernement du Roi, sur les bords d'un abîme, qu'ils ont bravé toutes les convenances sociales et nationales, en sollicitant les Souverains étrangers de les aider à renverser le Gouvernement du Roi?

Monsieur, je ne veux point chercher dans les passions humaines l'explication d'un contraste si extraordinaire. Je me borne à observer que les auteurs de la *Note secrète* ont du moins montré une ignorance extraordinaire des dispositions imprimées à tous les hommes éminens par le mouvement général des choses et des esprits. Ne pas savoir que tous les hommes d'Etat, en Europe, ne pouvaient être que profondément satisfaits de la prudence avec laquelle la France était gouvernée, et des principes qui y réglaient la marche de l'ensemble; ne pas prévoir qu'en adressant aux Souverains alliés des réclamations injdrieuses pour la France, on choquerait et leurs pensées et leurs intentions, que par conséquent on se flétrirait à leurs yeux, aux yeux de la France, aux yeux de l'Europe, et d'avance aux yeux de la postérité : c'était se montrer dépourvu de toute science politique; car la première base de toute science politique est la connaissance des forces sociales, des intérêts dominans, et des intentions établies à demeure dans l'âme des principaux Souverains.

Faisons maintenant une observation plus particulière.

La réunion des Souverains et de leurs Ministres s'est faite, à Aix-la-Chapelle, pendant que la France était livrée au mouvement des élections. Ce mouvement a été terminé à la fin du mois d'octobre : ses résultats, et l'agitation qui les a précédés, ont certainement été connus à Aix-la-Chapelle avant le 15 novembre, jour où la Déclaration a été signée; et de tels résultats, non plus que les réflexions amères ou chagrines auxquelles ils ont donné naissance, n'ont pu altérer les dispositions et la confiance des Souverains. Cette confiance, comme nous l'avons remarqué, n'aurait pu être ni plus franche, ni plus positive.

Ainsi, la loi des élections et ses effets, à l'instant éprouvés, se sont trouvés compris dans les motifs sur lesquels les Souverains et leurs Ministres ont fondé leur noble sécurité; ou, du moins, ces motifs n'en ont pas été ébranlés. Voilà, Monsieur, de quoi vous rassurer, ce me semble, contre les terreurs que cette loi vous inspire.

Et les Souverains, ainsi que leurs Ministres, connaissaient également la loi qui règle le recrutement de nos armées : Ils ont certainement réfléchi sur le caractère de cette loi, sur les formes et l'impulsion qu'elle donnera, en France, à la force publique. Non-seulement, ils n'en ont pas été effrayés; non-seulement ils ne l'ont pas considérée comme une loi éversive des principes monarchiques, mais il est évident qu'ils l'ont approuvée, qu'ils ont trouvé, en elle, l'un des garans de la tranquillité Européenne et de la stabilité de la Monarchie Française; car une telle loi, une loi majeure, une loi organique, affermit ou renverse; et les Souverains ont déclaré que l'ordre rétabli en France, donnait généralement, en Europe, des bases fermes et solides à la prospérité publique et au repos.

Et en effet, Monsieur, toute la Révolution est dans la loi des élections et la loi du recrutement; c'est pour amener, en France, ces deux lois, que la Révolution a été faite; or, tous les grands Souverains de l'Europe ont pris, depuis le rétablissement du trône de Louis XVIII, la résolution la plus sage, la plus habile; ils ont saisi, au profit de l'Europe entière, les principes de la Révolution Française; ils se sont déclarés protecteurs de cette grande Révolution : c'était le plus beau et le plus sûr moyen d'en faire la conquête.

Bannissez donc toute crainte, Monsieur;

la loi des élections ne portera aucun dom-
mage à la Constitution Française; elle ne
jetera point les Ministres dans des em-
barras funestes et croissans, parce que,
dès cette année, le Ministère pourra si
bien mettre à découvert ses intentions pa-
triotiques, et ses principes constitution-
nels, que tout ce qui reste de préventions
populaires se dissipera, et sera remplacé
par la confiance.

Vous offrez soixante et dix voix au Ministère, s'il consent à revenir sur ses pas :
ce serait trop peu, lors même qu'il pourrait en former la pensée; mais, par conviction autant que par honneur, il préfé-
rera conserver la majorité de l'assemblée,
et gagner chaque jour, par sa conduite
ferme et loyale, l'estime et le suffrage d'un
ou plusieurs membres de la minorité.

La loi des élections ne sera donc point
changée; je pense même qu'elle ne sera
modifiée que dans un avenir éloigné, parce
que, au lieu de présenter au gouvernement un sujet d'alarmes croissantes, elle

en favorisera progressivement les principes et l'action.

Il en sera de même de la loi de recrutement. L'exécution successive de cette loi
rendra progressivement l'armée essentiellement monarchique, c'est-à-dire à la fois
royale et nationale, comme toutes les forces
publiques, comme toutes les institutions.
L'armée, dirigée, organisée par un Minis-
tre, excellent citoyen, royaliste sincère,
célèbre capitaine, intrépide soldat, devien-
dra si profondément la propriété du Roi
et de la France, que la plus inébranlable
confiance pourra lui être accordée, et que
sans le moindre danger, ou même pour
affermir son dévouement, on pourra honorer franchement les souvenirs et les
affections de ses vieux guerriers.

Permettez-moi, Monsieur, de vous an-
noncer une chose de grande vraisem-
blance.

A moins que la mort ne frappe, à Sainte-
Hélène, un coup anticipé, le temps n'est
pas éloigné où, pour le complément du

magnanime spectacle donné à l'Europe par l'union, la sagesse, la générosité des grands Souverains, Napoléon sera rendu à sa famille; il viendra, au sein d'une retraite obscure, et d'un repos inaltérable, survivre à sa puissance, frapper le cœur humain d'une leçon terrible, montrer aux peuples les débris d'un grand homme qui ne sut pas se modérer.

2 décembre.

P. S. JE suspends l'impression de cette dernière feuille. La neuvième livraison du *Conservateur* vient d'être publiée : j'ai couru, Monsieur, aux dernières pages, dans l'attente d'y voir un article de vous : je ne me suis pas trompé. Vous avez, Monsieur, un privilége spécial : vous n'avez plus désormais besoin de placer votre nom au bas de vos écrits; vous les signez de votre style; et il serait impossible à aucun de vos contemporains de contrefaire une si brillante signature.

Mais ne vous abusez pas; pour être extraordinaire et brillant, votre style n'est pas celui de l'ordre, de la raison et de la justice; c'est même, au contraire, parce que, avec un très-grand talent, avec un talent supérieur, votre pensée manque souvent d'ordre, de justice et de raison, que, délivrée de tout frein, secouant toute mesure, elle peut se revêtir de formes si saillantes. Aussi, vous faites une impression vive ; on dévore tout ce qui sort de votre plume : l'esprit humain est si avide d'émotions agitées ! Mais tout se compense ; une fois l'agitation passée, on ne revient plus sur l'objet qui l'a produite. Tous vos écrits seront lus, Monsieur, mais une seule fois.

Laissons, pour un autre temps, les discussions littéraires ; les circonstances actuelles rendent d'autres discussions bien plus pressantes ; il s'agit d'attribuer à leurs véritables causes tous les mouvemens de quelque importance, parce que, pour un peuple, comme pour un individu, la première sagesse est de bien connaître sa position.

Vous venez de dire :

» Le bruit de la tentative de Buonaparte
» pour s'évader de Sainte-Hélène inquié-
» tait les esprits, quand le *Conservateur*,

» en racontant le simple fait, a dissipé les
» alarmes. Alors, il a bien fallu se décider
» à instruire le public. »

Vous vous trompez absolument, Monsieur, sur l'effet qui a été produit par la septième Livraison du *Conservateur*. Cette magnifique prosopopée, que j'ai citée, cette évocation solennelle de l'ombre de Napoléon, à laquelle, par vos terreurs poétiques, vous avez donné tant de puissance, cette imprudence, Monsieur, et cette grande erreur, ont réellement jeté les esprits dans l'inquiétude. La plupart des hommes qui, par leur sort et leurs affections, souffrent encore des événemens de 1814, ont recueilli avec avidité ce superbe hommage rendu par vous-même au génie de l'homme sur lequel portent leurs regrets. Ils se sont écriés : Napoléon n'est-il pas un Etre surnaturel, et le seul qui puisse remettre le Monde en paix et en équilibre? Voyez l'immense pouvoir que lui accorde aujourd'hui le grand écrivain qui, autrefois, lui confia, avec la même solennité, le rétablissement de la religion et de la Monarchie! Par des tableaux si énergiques, et de sa force, et de nos dangers, ne l'invoque-t-il pas encore?

Voilà, Monsieur, l'effet réel que vous avez produit. Comme poëte, vous pouvez vous en applaudir. Mais, je le répète : comme Français, vous avez commis une grande imprudence.

Laissez faire, Monsieur, et le temps et le Gouvernement; l'un et l'autre conspirent pour que la mémoire de Napoléon soit bientôt réduite aux dimensions qui lui seront conservées par l'histoire. N'exaltez pas ces dimensions dans un sens, afin que, par une réaction nécessaire, ses partisans irréfléchis ne l'exaltent pas dans un autre. Le Gouvernement Français, et tous les Gouvernemens de l'Europe, ont raison de désirer qu'en ce moment on l'oublie, et que, pour cela surtout, des écrivains inconsidérés, des écrivains imprévoyans, ne l'attaquent pas avec exagération et injustice.

Maintenant, Monsieur, à tout ce que j'ai dit sur la loi des élections, je n'ajouterai qu'un mot fourni par votre définition nouvelle.

» Ce n'est point, dites-vous, une loi po-
» pulaire ; c'est au contraire une loi qui
» exclut le peuple des élections , et qui
» crée une classe de privilégiés à cent écus;
» et, dans cette classe de privilégiés réside
» essentiellement l'opinion démocratique.
» Pour que la loi fût populaire, il faudrait
» qu'elle descendît plus bas. Loin d'avoir
» donné des droits au peuple, vous lui en
» avez ôté. Corriger la loi, c'est vous repla-
» cer dans la monarchie dont vous êtes
» sorti. »

Ainsi, Monsieur, telle est aujourd'hui votre manière de considérer le Peuple Français ; c'est dans la classe des pro-létaires que vous le placez. Oubliant que, dans toutes les Monarchies et les Républiques anciennes, cette classe était esclave, vous voulez, comme Spartacus, en faire la Nation; c'est-à-dire que vous

voulez mettre la classe indigente à la dis-
position de la classe opulente; c'est-à-dire,
en dernier résultat, que, pour aller à l'O-
ligarchie, vous voulez passer par l'anar-
chie.

La loi des élections ne pouvait recevoir
un hommage plus éclatant.

9 782013 403085